EL BARCO
DE VAPOR

Llueve

Paloma Muiña

Ilustraciones de Kike Ibáñez

sm

LITERATURA**SM**•COM

Primera edición: abril de 2016

Edición ejecutiva: Gabriel Brandariz
Coordinación editorial: Berta Márquez
Coordinación gráfica: Lara Peces

Impresores, 2
Parque Empresarial Prado del Espino
28660 Boadilla del Monte (Madrid)
www.grupo-sm.com

ATENCIÓN AL CLIENTE
Tel.: 902 121 323 / 912 080 403
e-mail: clientes@grupo-sm.com

ISBN: 978-84-675-8735-7
Depósito legal: M-5364-2016
Impreso en la UE / *Printed in EU*

A mis amigos de entonces.
A los que aún lo son.
Al Menor. Al Mayor.
A los mejores atardeceres.
Por aquellos veranos...

1
Llueve

–Llueve.

–Sí.

María y Paula miraron hacia afuera con aire triste y siguieron cenando. Despacio, muy despacio, no había prisa. Total, qué se puede hacer un martes a las ocho de la tarde, en verano, en la playa, si llueve.

Ni siquiera tenían paraguas, ni botas de agua. Solo chanclas y bañadores.

Un trueno resonó en la distancia y Paula sintió un escalofrío.

–Llueve, niñas. No podéis salir a jugar –dijo Marga, la madre de Paula, asomando la cabeza por la cocina.

María levantó los ojos al cielo.

Paula refunfuñó.

–No, si ya...

Pero Marga no se enteró. Estaba cerrando las ventanas del fondo porque soplaba lebeche, y el viento había recogido toneladas de arena de playa y las estaba metiendo por todas las rendijas de la casa.

–Podemos ir a buscar a Ñaco –propuso María.

Paula miró a su prima con cara de fastidio.

Y luego la miró otra vez.

Y otra.

–Vale, vale... –murmuró María, dándose por vencida.

A Paula no le caía bien Ñaco. Pensaba que su récord de decir la palabrota más larga del mundo era una estupidez. Y tampoco le gustaba su manía de hacer aguadillas.

–Bueno. Entonces, ¿qué? –dijo María–. ¿A por Carolina?

–Seguro que no nos dejan cruzar hasta la otra plazoleta bajo la lluvia –refunfuñó Paula.

–¿Y Javi?

–Se ha ido con sus padres. Le vi metiendo la maleta en el coche.

Antonio, el padre de Paula, apareció por la cocina con el pelo revuelto.

–¿Qué hacéis? –preguntó. Luego miró por la ventana y exclamó–: ¡Está lloviendo!

María levantó los ojos al cielo.

Paula refunfuñó:

–No, si ya.

–Están aburridas porque no se pueden bajar a bañar... –dijo Marga entrando de nuevo en la cocina

–Poneos a leer –propuso Antonio.

–No me apetece –contestó Paula arrugando la nariz.

–Pintad.

–No tenemos colores.

–Jugad al parchís.

–Pero ¿¡qué dices!?

Paula estaba convencida de que el parchís era el juego más aburrido del mundo.

–¿A la oca? –siguió intentándolo Antonio.

–¿Podemos ver la tele? –preguntó María.

Justo en ese momento, sonó un chisporrotazo y todo se quedó a oscuras.

No había tele. Ni nevera. Ni luz en el baño. Aún no había anochecido, pero el cielo estaba tan negro que apenas veían lo que tenían enfrente.

–No toquéis nada –dijo el padre de Paula–. Creo que ha sido un corto, por la tormenta.

–¿Un corto? –preguntó María.

Y en ese momento imaginó a un señor muy tonto muy tonto cortando con unas tijeras el cable de la luz.

–Un cortocircuito –le aclaró Paula.

Y en ese momento, María se imaginó a un robot asesino cortando cables de luz.

–Algún rayo habrá alcanzado una torreta y un pico de tensión nos ha dejado sin luz –explicó la madre de Paula.

Y ahí María no se imaginó nada, porque no había entendido una palabra.

Pero la cosa debía de ser muy grave, porque no solo ellos estaban a oscuras, sino la urbanización entera. Paula y María, asomadas a la ventana, no lograban ver ni una sola luz alrededor. Solo los barcos, anclados a varios metros de la orilla, parecían brillar con sus pequeñas lámparas bailando al son del mar.

2
Ñaco

La verdad es que tanta oscuridad, y los truenos, y los relámpagos, daban un poquito de impresión. De miedo. De TERROR.

PUM, PUM, PUM.

Unos golpes tremendos sonaron en la puerta de la casa.

María y Paula gritaron, las dos a la vez.

¡AAAAAAAAAAAAAAH!

La madre de Paula también gritó, pero no por los golpes ni por el miedo, sino por el susto que le habían dado las niñas.

Después abrió la puerta. Ñaco estaba al otro lado, tiritando.

–¿Puedo pasar?

–Pero Ñaco, ¡si estás empapado!

–Es que está lloviendo –dijo él, más que nada, por aclarar.

Ñaco llevaba puestas las chanclas, el bañador y una camiseta naranja fosforito totalmente pegada al cuerpo. Su pelo, normalmente de pincho, le caía ahora sobre la cara, a trozos: ríos de pelo y de agua. Afluentes. Incluso peces.

–¡Ñaco! –exclamó María, y sus ojos marrones brillaron contentos.

–Ñaco –murmuró Paula, y sus ojos marrones se arrugaron, al compás de su ceño.

La madre de Paula envolvió a Ñaco en una toalla y luego le prestó un bañador de su marido, que al niño le llegaba por los pies. Como se le caía, a pesar de la goma, le puso un cinturón sujetándole la toalla y el bañador.

–Pareces un emperador romano –dijo María, poniéndose colorada.

–Pareces un payaso –gruñó Paula, resoplando.

–¿Qué hacemos? –preguntó Ñaco.

–Jugad al ajedrez –propuso la madre de Paula.

–Mamá, somos tres –contestó Paula mirando al techo. A veces su madre no se enteraba de nada...

–A los disfraces.

–Ahí Ñaco nos lleva ventaja.

–A las cartas.

–Falta el diez de bastos.

–A las tabas.

–¿Y qué narices son las tabas?

–Ay, hija, qué cantidad de mal humor puede caber en un cuerpo tan pequeño –resopló Marga. Y se fue a alguna de las habitaciones oscuras del fondo, donde Antonio se estaba echando una segunda siesta.

–Pero... ¡¿qué son las tabas?!

Paula oyó unas risitas y se dio la vuelta, enfadadísima:

–A ver, listillos, ¿qué son?

Pero resulta que María y Ñaco no se reían de eso. Ni siquiera la habían escuchado. Estaban contándose chistes. Los chistes más tontos del mundo.

Como a Paula no le hacían gracia, probaron a inventar historias: uno decía una palabra y el otro tenía que continuar con dos, y así hasta formar un cuento. Paula pensó que era el juego más absurdo del mundo.

Empezaron entonces a saltar en el sofá, pero tiraron una lámpara. Marga los regañó muchísimo y Paula opinó que tenía la madre más antipática del mundo.

A partir de ese momento, ni siquiera pudieron hablar, solo cuchichear, porque a Marga y Antonio les había dado por cambiar la tarde por la noche, y afirmaban que tanto ellos como el resto del mundo estaban durmiendo.

Claro. Normal. Porque a ver: qué se puede hacer un martes, a las ocho y cuarto de la tarde, en verano, en la playa, si llueve, está todo a oscuras y no tienes ni paraguas ni botas de agua.

–¿Nos dormimos también? –propuso María.

Y aunque a Paula aquello le pareció la idea más estúpida del mundo, a Ñaco le gustó.

Él y María se acurrucaron, tapados con la toalla de Ñaco, que se había quitado el disfraz de romano para compartirla.

Paula los miraba allí tumbados, roncando con una sonrisa en los labios, y pensó que era la situación más triste del mundo. Y que el mundo entero estaba en su contra. Sin ninguna duda.

3
Voces

Paula había hecho de todo: cantar, bailar, estornudar y hasta fregar cacharros, pero seguían durmiendo. Ahora miraba por la terraza los relámpagos de fondo. Debía de ser ya muy tarde, porque todo estaba en silencio.

Silencio.

De pronto, Paula oyó unos cuchicheos y dos haces de luz brillaron al fondo de la calle.

–¿Qué es eso? –preguntó María a Ñaco en voz alta.

Su prima cambió de postura y le clavó a Ñaco un codo en la tripa. Él se quejó en sueños.

Paula volvió a asomarse. Las luces bailaron un poco más lejos, se apagaron, se encendieron.

Y de pronto, la enfocaron a ella.

Paula ahogó un grito y se agachó.

Un segundo.

Dos.

Diez.

–¿Por qué me escondo? –murmuró, y volvió a asomarse.

Las luces ya no estaban.

Paula sacó la mano y dejó que la lluvia le tocara los dedos. Eran gotas delgadas, apenas mojaban.

Tampoco hacía frío.

Sin pensárselo mucho más, echó a correr hacia la puerta, la abrió de un golpe y... la cerró muy despacito. Ya no quería que nadie se despertara.

En la escalera había una luz de emergencia que iluminaba débilmente el pasillo. Bajó los escalones de dos en dos (porque una vez que los bajó de tres en tres se metió un buen mamporro) y aterrizó en la planta baja.

Paula notó cómo sus pies chapoteaban en el suelo y la lluvia ligera le salpicaba la cara. Empezó a dar la vuelta al edificio muy despacito, deslizando la mano por la pared porque no se veía un pimiento, y caminó

hacia el lugar donde creía haber visto las luces por última vez.

Allí no había nada.

Bueno, probablemente hubiera muchas cosas: cucarachas nadando por los charcos, un chicle pegado a una planta, un balón pinchado, Ñaco... Pero ella no las veía.

Movió la cabeza, buscando a ciegas las luces y aguzando el oído para escuchar las voces.

Un segundo.

Dos.

Diez.

Ya estaba pensando en regresar a casa cuando la luz de una linterna brilló al fondo. O a lo mejor era una luciérnaga... ¿Una estrella perdida? ¿Los ojos de un gato?

Caminó despacito por entre los adoquines, notando los pies fríos. La lluvia seguía cayendo, fina y difusa. Un pequeño río se había formado en el camino.

Siguió avanzando hasta que, unos metros más adelante, pudo escuchar algo parecido a esto:

–Mira tú por el avispero. ¿Ves algo?

–Un trucho.

–Vamos, para un momento. Que nos va a dar un aire.

–Parece que estás casposo.

–Chist, tira para abajo.

–Eh, no me des coces con la pierna, que te vas a quedar cojo...

O a lo mejor dijeron algo así:

–Mira tú por el agujero. ¿Ves algo?

–No mucho.

–Vamos, es el momento. Que ahora no hay nadie.

–Puede ser peligroso...

–Chist, habla más bajo.

–Eh, no me enfoques con la linterna, que me haces daño en los ojos...

Hablaban en susurros, con lo que no solo era difícil distinguir lo que decían. Paula tampoco sabía si eran hombres o mujeres, mayores o jóvenes, peces o niños. Pero un

sexto sentido le dijo a Paula que no se dejara ver. ¿Y si se trataba de ladrones? ¿Secuestradores? ¿Pescadores furtivos? ¿Calamares disfrazados?

Tampoco podía distinguir qué hacían exactamente, aunque sus ojos poco a poco se habían ido acostumbrando a la oscuridad. Debía de estar cerca de la terraza del apartamento 17, el de los finlandeses. Tres figuras (o tal vez eran dos y una de ellas tenía una barriga enorme) cacharreaban

pegadas a la pared. Manejaban algún tipo de herramienta, porque sonaba «cling» y luego «clang», e incluso, en un momento dado, Paula oyó «¡tacháaaan!».

De pronto, otro ruido sonó detrás de ella.

Paula se giró.

Ellos (o ellas) debieron de oírlo también, porque enfocaron una de las linternas hacia el ruido.

Paula pisó algo.

Un gato maulló. Fue un maullido largo y casi doloroso.

Paula cayó hacia atrás, sobre un arbusto.

El gato saltó hacia la luz que lo enfocaba.

Ellos (o ellas) gritaron. Más bien sonó a «ellos». Paula estuvo casi segura cuando el gato les clavó las zarpas y dijeron algunas palabrotas con una voz bastante grave.

Paula se quedó sentada de culo, asustada y empapada.

Alguien le tapó la boca por detrás y le habló al oído:

–No grites.

Y Paula gritó, claro, pero como tenía la boca tapada no la oyeron.

4
Javi

–¡Serás burra! –gritó Javi en un susurro, mientras se agarraba la mano.

Paula le había dado un mordisco tremendo. Y ahora, sentada en el suelo y sin fuerzas para levantarse, no paraba de reír y de llorar, todo al mismo tiempo.

–La culpa es tuya, por taparme la boca –dijo entre hipidos–. Menudo susto me has dado.

Javi la miró desde detrás de sus gafas salpicadas de lluvia. Llevaba un impermeable transparente con capucha y unas zapatillas de deporte. El río que discurría por el camino de adoquines sobre el que ahora estaba sentada le había mojado hasta la ropa interior.

–Pareces una loca –dijo él.

–¡Y tú un boniato! –dijo ella. Y luego–: Se han ido –y empezó a reír otra vez. Y a llorar.

En efecto, los hombres de las linternas se habían marchado lanzando maldiciones contra la lluvia, los gatos y los apagones. A saber dónde estaban. Y si eran dos o tres.

–Pero ¿tú no te habías ido de viaje? –le preguntó Paula a Javi, cuando consiguió calmarse.

–No hemos podido. Las calles estaban atascadas y algunos semáforos, de pronto, han dejado de funcionar. Hemos aparcado el coche a un lado y hemos vuelto andando.

Paula tiritaba.

–¿Te dejo el impermeable? –preguntó él.

–¿Para qué? Ya estoy empapada.

–Ven –dijo Javi.

Y de pronto, como si tuviera magia, agitó los dedos y trajo la luz.

O sea, que sacó una linterna del bolsillo y alumbró el camino hacia los soportales, donde la lluvia caía solo cuando el viento la desviaba hacia allá. Una vez bajo resguardo, Javi hizo un poco más de magia y le dio a Paula una toalla para que se secara. O sea, que cogió la mochila que llevaba a su espalda, debajo de su impermeable, y sacó, además de la toalla, una camiseta, un paquete de chicles, un bocata, un paraguas, una gorra y unas chanclas.

Paula lo miraba con los ojos como platos.

–¿De dónde has sacado todo eso?

–De mi casa. Mi madre no me dejaba salir si no lo llevaba.

–¿Y adónde ibas?

–A buscarte.

Paula sonrió.

–¿Quieres un chicle? –le ofreció él.

Al cabo de un ratito, Paula se sentía mucho mejor. Tenía un paraguas, una camiseta seca y medio bocata en el estómago.

–Oye, ¿y esos señores quiénes serían? –preguntó.

Javi se encogió de hombros. Luego se le ocurrió:

–¿Calamares disfrazados?

Paula asintió con la cabeza:

–Eso mismo había pensado yo. O ladrones.

Javi también asintió.

–¿Los buscamos otra vez?

Y los dos echaron a andar, chapoteando con el río a la altura de sus tobillos.

5
LADRONES. O CALAMARES

SEGUÍA LLOVIENDO.

Paula y Javi callejearon por todos los rincones de la urbanización sin encontrar lo que buscaban.

Encontraron otras cosas: una familia que cenaba en la terraza (llevaban paraguas, pero las patatas fritas estaban empapadas); una chancla siguiendo el curso del río: la saludaron al llegar, y la despidieron luego, cuando pasó de largo; las duchas de la playa, llenas de barro y burbujas, como si a alguien se le hubiera caído un bote de colacao dentro del sumidero; y un toldo roto sobre una silla y un afluente de agua que corría sobre él hasta incorporarse al río principal.

Todo eso lo vieron a medias, porque se estaba haciendo de noche, y seguía lloviendo, aunque, de tanto mirar, los ojos se les habían vuelto un poco de gato, y Javi iluminaba el camino con la linterna

–Me canso –dijo Paula–. ¿Y si jugamos?

–¿A qué? –preguntó Javi.

Ella se quedó pensativa. Muy pensativa.

Pasó un segundo.

Dos.

Diez.

–Mmm... ¿Al parchís? –propuso.

Javi la miró con cara de susto.

En ese momento, el haz de otra linterna iluminó la puerta del aparcamiento, unos metros a su izquierda.

Ambos corrieron hacia allá. Lo malo es que iban muy despacio, porque el río les llegaba ya por encima de los tobillos y las zapatillas les pesaban como piedras. Además,

hacían ruido: flip, flus, zas, clong, ay. Paula se había dado un golpe con una farola.

Se escondieron detrás de la casa del portero. Manolo debía de estar haciendo la ronda, porque no lo vieron ni a él ni a Albóndiga, su perro. Desde allí miraron sin ver, porque ahora no podían usar la linterna. Dos (o tres) figuras se movían alrededor de la puerta del aparcamiento y cuchicheaban:

–¿Y ese ruido? ¿Lo oyes?

–Sí, como un murmullo... Mejor no abrimos.

–¿Y nos vamos a ir así, sin más?

–No, primero llamamos e informamos.

Paula pensó que los ladrones habían oído gente dentro del aparcamiento y que iban a informar a su jefe de que la operación «robo en la urba» quedaba anulada.

Javi pensó que los calamares disfrazados de personas entendían que no podían sobrevivir en un medio tan hostil y se volvían

al mar. No sin antes avisar a la tribu de los calamares de tierra.

Ambos vieron a medias cómo las dos (¿o eran tres?) figuras empezaban a caminar muy muy despacio, igual que si acabaran de aprender. Es lo que tienen los calamares: como no tienen pies...

Pero, aun despacio y sin pies, iban directos hacia ellos.

Plis...

Plas...

Plis...

Plas...

Plis...

Ahí fue cuando Paula y Javi se dieron cuenta de que eran dos hombres, no tres, y que ninguno tenía una barriga enorme, sino que ambos llevaban dos bolsas muy grandes cruzadas sobre el pecho.

–¿Qué es eso? –susurró Paula, convencida de que no era nada bueno.

Javi no contestó. Porque justo en ese momento, la linterna de uno de los tipos lo enfocó directamente a los ojos. Esos ojos escondidos detrás de las gafas empapadas.

Ni siquiera gritó. Paula vio que se había quedado mudo del susto y no respiraba.

Un segundo.

Dos.

Cien.

La luz se apagó. Los calamares dejaron de andar. El viento paró de rugir. Un tenedor que nadaba se enganchó entre las piernas de Paula y hasta pareció que las gotas de llu-

via se congelaban a medio camino entre el cielo y el suelo. El tiempo se había detenido.

Bueno, esa fue la impresión que tuvo Paula, pero fue por el susto. Javi, de hecho, volvió a respirar. Más que nada porque si no, se hubiera ahogado.

Y de pronto, una voz monstruosa y metálica retumbó en la oscuridad.

–Atención, atención: equipo tres, equipo tres, ¿cómo va la operación Urbanización Optimist-Soling? Cambio.

–Aquí equipo tres. Solicitamos asistencia. No hay quien arregle el corte. Hay que atacar el cable de alta. Cambio –dijo uno de los calamares a través de un aparato que acercó a su boca.

Paula y Javi se miraron con extrañeza (y eso que no se veían). No habían entendido nada. ¿Hablaban algún lenguaje secreto?

El aparato aquel por el que hablaban empezó a hacer unos ruidos muy raros, algo así como bffff y gliii y zzzz.

Paula pensó que los ladrones habían perdido conexión con el grupo base, o sea, los jefes.

Javi pensó que los calamares hablaban en su propio idioma y habían comenzado a sumergirse.

Los dos hombres calamares se alejaron entonces hacia el bloque 2, cargados con sus bolsas gigantescas, alumbrando el camino con sus linternas, caminando como si acabaran de aprender y haciendo bffff y gliiii y zzzzz.

La lluvia seguía cayendo.

–¡¿QUÉ HACÉIS AQUÍ?! –preguntó María, apareciendo de pronto a su espalda.

Y a Javi, del susto, se le escapó un poquito de pis.

6
Tiburón

Paula, Javi, María y Ñaco vadeaban el camino que llevaba a la playa. Y aunque Javi iluminaba los bordillos con la linterna, no conseguían verlos. El agua los había cubierto.

–¿Y ahora qué hacemos? –preguntó Javi.

–¡Seguir a los ladrones! –contestó Paula, convencida.

–A mí me da miedo –dudó María.

–Y además se han ido. No sabemos dónde están... –argumentó Javi.

–¡Pues los buscamos! –insistió Paula

–A mí me da miedo –insistió María.

–¡Se habrán ido al fondo del mar! Como son calamares... –insistió Javi.

–¡YA ESTÁ! –exclamó Ñaco. Y todos lo miraron, expectantes–: ¿Jugamos a las adivinanzas?

Nadie le contestó, ni siquiera María.

Los cuatro se quedaron mirando hacia el horizonte. No había ni rastro de sol: seguramente ya hubiera anochecido. Tampoco se veía la luna, ni las estrellas. Solo una capa compacta de nubes y lluvia. Al fondo, la

silueta oscura de la isla Redonda y la del Sujeto. Las luces rojas de los barcos, bailando. Y alguna que otra medusa sacándoles la lengua desde las boyas.

–¿Y si nos bañamos? –propuso Paula de pronto.

–Ya nos estamos bañando –gruñó Ñaco. Y se ajustó mejor el bañador de Antonio, que se empeñaba en taparle los tobillos.

–Pero yo digo en el mar...

–¿Y dónde empieza el mar? –preguntó Javi achicando los ojos.

Era una buena pregunta. Desde ese recodo del camino, había una cuesta abajo que llevaba hasta la arena de la playa. Pero ahora no se veía la cuesta. Ni la arena. Ni la playa. Solo una extensión oscura de agua. El mar y la lluvia se lo habían tragado todo.

–A mí me da miedo bañarme sin luz –dijo María.

–A mí me dan miedo los calamares –dijo Javi.

–Además... que ya nos estamos bañando –insistió Ñaco. Y se sacó una concha que se le había clavado en el pie.

Paula no esperó más. Soltó el paraguas y salió corriendo camino abajo hasta zambullirse. Empezó a nadar por lo que antes había sido la playa y pensó que el agua estaba calentita, pero olía raro: una mezcla de colacao, patatas fritas y pescado.

Los demás se la quedaron mirando. Javi la enfocaba con la linterna, para que distinguiera bien dónde estaba la línea de alta mar y no la sobrepasara. Ñaco se ajustó el cinturón de Antonio una vez más.

–Aggh.

–¿Qué te pasa? –preguntó María.

–Me lo he apretado demasiado –contestó Ñaco. Su voz sonaba estrangulada.

Cansada de nadar, Paula probó a bucear, pero no veía nada; de vez en cuando, algo le pasaba rozando la cara y eso la ponía un poco nerviosa. Luego se puso a hacer el muerto. Ahí sí que se estaba a gusto: mirando el cielo oscuro, la lluvia chispeando sobre la cara y los oídos metidos en el agua. Los sonidos y los gritos sonaban amortiguados, como si vinieran del otro lado del mundo: «Biberóoon, biberóoon».

¿Biberón?

Paula sacó la cabeza del agua y entonces oyó claramente la voz de María gritando:

–¡Tiburóoon!

Y a todos los demás chillando:

–¡Aaaaaaaaaaaaaahhhhh! (también la familia que estaba cenando en la terraza,

pero eso fue porque se habían acabado las patatas).

Paula echó a nadar a toda prisa hacia la orilla. Pero como no había orilla, lo tenía bastante difícil.

–¿Dónde? ¿Dónde? –gritaba, tragando buches de agua salada.

–Allí –decía Ñaco.

–Acá –decía Javi.

–Acullá –decía Ñaco.

–Ah, no –dijo María–, que no era un tiburón, que era una tabla...

En ese momento, pasó un surfista y los saludó.

Paula se enfadó un poco con María por darle ese susto. Y otro poco con Javi y Ñaco, por no indicarle bien hacia dónde tenía que nadar. Pero, sobre todo, se enfadó consigo misma, porque se había lanzado al agua con la camiseta seca que le había prestado Javi, y ahora tenía frío otra vez.

Los demás, que la habían estado contemplando bajo la lluvia, también tenían frío. Incluso Javi, porque el impermeable le tapaba la cabeza y la espalda, pero no los pies. Ni las espinillas. Tenían que hacer algo para entrar en calor.

–¿Y si pescamos?

–No tenemos caña –gruñó Paula.

–¿Y si jugamos al fútbol?

–¿Con qué pelota?

–¿Y si cantamos?

–Mañana nos dolerá la garganta.

–Hija mía, cuánto mal humor puede caber en un cuerpo tan pequeño –comentó María. Paula le sacó la lengua.

–¿Y si volvemos a casa? –propuso Ñaco en un susurro.

Todos movieron la cabeza arriba y abajo. Por una vez, estaban de acuerdo.

Y se pusieron a caminar arrastrando los pies: plis, plas, plis, plas. Como si acabaran de aprender. Como si fueran calamares.

7
GARAJE PISCINA

JUSTO CUANDO DOBLABAN la esquina de la casa de Manolo, el portero, dos potentes linternas los enfocaron, deslumbrándolos, y una voz monstruosa y terrible exclamó:

–¡EH, VOSOTROS!

Paula, Javi, Ñaco y María se quedaron paralizados.

Un segundo.

Dos.

Diez.

Y luego, Paula gritó:

–¡Ladrones!

Javi gritó:

–¡Calamares!

–¡Socorro! –gritó Ñaco.

María no gritó nada porque, del susto, le había entrado el hipo.

–PAULAAAAAAAAAAAAAAA –gritó alguien en la distancia; concretamente, Marga.

Paula recordó de pronto que se había marchado de casa sin avisar a sus padres.

Y todos echaron a correr.

Cada uno corría hacia un lado diferente, pero lo hacían despacio porque el agua les llegaba ya por encima de las rodillas.

Arriba, abajo, a la derecha, a la izquierda... Mientras, dos haces de luz trataban de iluminarlos y dos voces gritaban:

–Eh, ¿se puede saber qué os pasa?

Un perro empezó a ladrar, Ñaco y María se chocaron, el windsurfista volvió a pasar, saludando.

Paula se dirigió al aparcamiento y se paró ante la puerta. Allí podría esconderse. Y empezó a tirar fuerte, muy fuerte.

–AAARGGGG.

–¡¿Qué haces?! –preguntó Javi cuando vio a su amiga encaramada al pomo de la puerta, gritando y pateándola–. Pareces una loca.

–Y tú, un boniato –contestó Paula, tirando con más fuerza–. Ilumina aquí.

Ñaco y María llegaron entonces.

–Los ladrones se han ido –dijo Ñaco–. Creo.

–Eran calamares –dijo Javi.

–¿Qué haces? –preguntó María dirigiéndose a Paula.

–Trato de abrir la puerta. Para esconderme –contestó Paula, resoplando y tirando con más fuerza aún.

María la miró con la boca abierta.

–¿Pero no oyes que te están llamando? Es tu madre.

–Paulaaaaaaaaaaaaaaaaaaaaaaa –se oyó otra vez a Marga, cada vez más cerca.

–Sí. Por eso. Me la voy a cargar –dijo Paula.

–Pues sí. Estás tirando demasiado fuerte. Para mí que esa puerta está atascada –razonó Javi colocándose las gafas.

–La puerta no: yo.

–¿Estás atascada? –se asombró Javi.

Justo en ese momento, la puerta del garaje se abrió de golpe y de ella salió una tromba enorme de agua. Como si les estuvieran enchufando con una manguera gigante, Javi, María, Ñaco, Paula, la mochila y la linterna salieron disparados y empezaron a revolcarse sin control por el río del camino, que ahora les llegaba por el cuello, más que nada porque, del susto, se habían caído hacia atrás y no conseguían levantarse. Daban volteretas, sacaban la cabeza y la volvían a meter, se enredaban entre ellos y se empujaban. Paula se agarró a las gafas de Javi, Javi se quedó sin gafas, una bamba de Paula se le metió en la boca y la linterna se hundió entre las aguas.

Unos segundos después, que parecieron horas, el agua bajó de nivel, y ellos aparecieron sentados encima de un río por donde pasaron flotando un libro, un pañal sucio, una cáscara de plátano... y el bañador de Antonio.

–¡Paula!

Era Marga.

–¡Paula!

Era Antonio.

–¡Javi!

Era Chiqui, la madre de Javi, que llevaba un impermeable rojo y una mochila gigante a la espalda.

–¿Dónde estabais?

–Menudo susto.

–¿No veis que es peligroso andar por aquí?

–¡Y a estas horas!

Paula tosía porque se acababa de tragar un pez. Javi palpaba el suelo, pero no conseguía encontrar sus gafas. Ñaco había agarrado el bañador de Antonio y se lo estaba poniendo otra vez. Menos mal que estaba oscuro.

De pronto, una luz muy fuerte los iluminó a todos.

Manolo, el portero, llevaba un foco gigantesco atado a una carretilla. Albóndiga se puso a ladrar justo a su lado.

–¿Quién ha abierto la puerta del garaje? –tronó–. Estaba inundado.

–No, si ya...

Entonces Ñaco, que llevaba otra vez el bañador bien atado a las axilas, carraspeó muy fuerte y dijo:

–¡Creo que ha dejado de llover!

Justo en ese momento, un tímido sol de atardecer asomó por entre las casas.

8

Atardecer de un día de lluvia

–Equipo tres, necesito informe concreto de la situación, cambio –dijo una voz metálica detrás de ellos.

Todos dieron un bote (María dio dos) y se giraron. Allí estaban los calamares con sus bolsas gigantes cruzadas sobre el pecho, sus linternas y el aparato que hacía bffff y gliii y zzzz. Uno de ellos se lo acercó a la boca y empezó a hablar como una persona normal:

–Jefe, esto está hecho un desastre. Lo hemos intentado, pero no podemos arreglar el apagón, no tenemos medios suficientes, y la cosa se está poniendo peligrosa. No es solo que no haya luz, es que está todo inundando. Manolo, el portero, ya ha llamado a los bomberos.

–¿Cómo? –dijo Paula–. ¿No son ladrones?

–Ni calamares –contestó Javi.

–Pues vaya –dijo Ñaco.

Y a María le entró la risa. Una risa boba, de esas que te salen cuando estás cansado y no sabes si tienes ganas de reír o de llorar o de tumbarte a dormir. Una risa contagiosa, muy contagiosa, porque de pronto los cuatro estaban riendo, y luego también Marga y Antonio y Chiqui.

Mientras, los dos electricistas que habían venido a arreglar el apagón se alejaban poco a poco. No lo habían conseguido. Y no eran pulpos. Ni siquiera ladrones. Pero caminaban como si acabaran de aprender, hacían plis, plas y bfff y gliiii y zzzz. Manolo, el portero, y su carretilla superiluminadora iban con ellos, y Albóndiga ladraba.

Cuando consiguieron parar de reír, Paula, María, Ñaco, Javi, Marga, Antonio y Chiqui se quedaron mirando el atardecer. Duró solo unos minutos: el sol se escondió enseguida y se hizo totalmente de noche. Esta vez, una noche de verdad.

Una sirena de bomberos sonó al fondo de la calle.

–¿Jugamos al parchís? –propuso Ñaco.

Nadie le contestó, claro. Y todos se fueron a su casa, goteando y arrastrando los pies dentro del agua.

Aquella noche, Paula soñó con unos calamares que se disfrazaban de elefantes y atacaban las duchas de la urba, aunque ellas, de pronto, aprendían a andar y conseguían escaparse.

María soñó que Ñaco y ella jugaban al parchís durante tanto rato que los dedos se les ponían rojos, y luego morados, y tenían que ir a una tienda a cambiarlos.

La luz de una mañana repleta de sol entró por la ventana de la habitación y Paula se despertó. De un salto, bajó de la cama y corrió hasta la terraza. El mar había crecido, como si hubiera cumplido años, y un río pequeñito corría por el camino de adoquines. La playa volvía a estar allí, aunque la arena blanca era marrón oscuro y estaba llena de objetos: media silla, un jarrón, muchas latas, la tapa de un váter, dos planchas, el cuco de un reloj... Parecían tesoros escondidos por los piratas.

En ese momento, María apareció a su lado y bostezó.

–Ya no llueve.

–No.

–Pues vaya...

María y Paula se quedaron mirando por la terraza con aire triste.

–¿Y ahora qué hacemos? –preguntó María.

Paula permaneció en silencio con los ojos clavados en la playa.

Un segundo. Dos. Diez.

Entonces exclamó:

–¡Vamos a buscar tesoros!

Paula y su prima se pusieron el bañador, un cubo en la cabeza y un rastrillo en los pies, y corrieron hacia la playa.

Un calamar de tierra regruñó en la distancia.

TE CUENTO QUE KIKE IBÁÑEZ...

... nació y creció en San Sebastián, una ciudad con mar donde lo normal es que llueva. Estudió Artes Gráficas, Diseño Gráfico e Ilustración en Madrid. Desde 2008 diseña y dibuja en su casa para editores, empresarios, periodistas, actores, músicos, amigos, niños, niñas, señores y señoras. También es profesor y riega las plantas.

TE CUENTO QUE PALOMA MUIÑA...

veranea en la Manga del Mar Menor, un lugar muy caluroso donde las chicharras gritan, la gente sale de su casa por la ventana y el aperitivo es la comida más importante del día. Cuando ella era pequeña, los días de verano transcurrían en bici, buscando alacranes bajo las piedras, nadando junto a los caballitos de mar del Mar Menor y saltando olas en el Mayor cuando soplaba levante. Pero lo que más le gustaba a Paloma era encontrar, año tras año, a sus amigos de siempre y saber que podían ir y venir adonde quisieran sin dar explicaciones. Libertad total y dos mares. Ahí es nada.

Paloma Muiña, autora y editora madrileña, ha ganado varios premios literarios. También ha publicado *El paraguas rojo* y *Detectives en chanclas* en la colección El Barco de Vapor.

Si te ha gustado este libro, visita

LITERATURA**SM**•COM

Allí encontrarás:

- Un montón de libros.
- Juegos, descargables y vídeos.
- Concursos, sorteos y propuestas de eventos.

¡Y mucho más!

Para padres y profesores

- Noticias de actualidad, redes sociales y suscripción al boletín.
- Propuestas de animación a la lectura.
- Fichas de recursos didácticos y actividades.